관계는 정원을
가꾸는 일과 같습니다.

✦ ✦ ✦
어른의 관계를 가꾸는
100일 필사 노트

한 그루의 나무가 모여 푸른 숲을 이루듯이
청림의 책들은 삶을 풍요롭게 합니다.

어른의 관계를 가꾸는
100일 필사 노트

김종원 지음

100 Days of Transcription

+ 프롤로그 +

사람들 속에서
나다움을 잃지 않으려면

"있다고 다 보여주지 말고 안다고 다 말하지 마라. 가졌다고 다 빌려주지 말고 들었다고 다 믿지 마라."

아무리 반복해서 필사해도 지겹지 않고 늘 새롭게 느껴지는, 인간관계의 본질을 가장 정확하게 정의한 대문호 셰익스피어의 말이다. 이처럼 인간관계의 핵심을 압축한 멋진 말들은 이미 많이 존재한다. 하지만 문제는 그것을 현실에서 적용하기 어렵다는 사실이다. 혹시 인간관계에 대한 문제로 지금 고민하고 있다면, 아래 다섯 가지 질문을 필사하면서 읽어보자.

1. 호감 가는 사람이 되려면 어떻게 해야 하는가?

2. 나는 왜 관계에서 늘 손해만 보는가?

3. 불필요한 관계를 덜어내려면 어떻게 해야 하는가?

4. 관계에 휘둘리지 않고 중심을 지키는 방법은 무엇인가?

5. 마음을 사로잡는 사람은 무엇이 다른가?

어떤 관계에서도 나다움을 잃지 않고 당당하게 살아가는 사람을 우리는 어른이라고 부를 수 있을 것이다. 성숙한 어른은 관계에서 발생하는 문제로 자신을 괴롭히지 않는다. 건강한 인간관계를 위해서는 내가 느낀 감정을 정확하게 상대방에게 설명할 수 있어야 한다. 그래야 상대방에게 상처를 주지 않고, 소중한 나의 감정도 지킬 수 있다. 이 책을 필사하며 단지 문장을 베끼는 데서 그치지 말고, 그 문장이 내 삶의 태도가 되도록 마음에 새겨보자. 관계 속에서 흔들릴 때마다 손으로 쓴 문장들은 다시 나를 붙잡아 줄 것이다. 방향을 잃었을 때는 나침반이 되어줄 것이고, 타인에게 상처를 받았을 때는 조용히 위로해 줄 것이다. 진짜 어른은 관계를 지혜롭게 맺고 그 관계 속에서 자기 자신을 지켜낼 줄 아는 사람이다. 그런 사람이 되기 위해 우리는 결국 '어떻게 살아야 할까?'라는 질문을 끊임없이 던지고, 그 답을 찾아내야 한다. 그 여정의 한 걸음을 바로 지금 여기에서 시작하라.

김종원

✦ 차례 ✦

프롤로그　사람들 속에서 나다움을 잃지 않으려면　　　　　　　　　004

DAY 001　건강한 관계는 적당한 거리에서 탄생하는 꽃이다　　　　010
DAY 002　좋은 소식만 들려오는 사람의 비밀　　　　　　　　　　012
DAY 003　함께 식사를 해보면 상대방의 크기를 알 수 있다　　　　014
DAY 004　다른 사람의 표정을 너무 신경 쓰지 말자　　　　　　　016
DAY 005　연연하지 않고 깃털처럼 가볍게 살아라　　　　　　　　018
DAY 006　기품이 넘치는 사람은 조용하다　　　　　　　　　　　020
DAY 007　나는 나를 구할 수 있는 유일한 사람이다　　　　　　　022
DAY 008　모든 것을 이해할 필요는 없다　　　　　　　　　　　　024
DAY 009　화려한 말보다 분명한 태도가 어른의 풍모를 완성한다　026
DAY 010　거절은 나만의 철학이 있다는 증거　　　　　　　　　　028
Q&A　　　　　　　　　　　　　　　　　　　　　　　　　　　030

DAY 011　눈에 띄지 않는 가치를 발견하는 사람　　　　　　　　032
DAY 012　맞춰간다는 말의 온도　　　　　　　　　　　　　　　034
DAY 013　존중하는 마음을 아무에게나 주지 마라　　　　　　　036
DAY 014　허세 뒤에 숨은 외로움　　　　　　　　　　　　　　　038
DAY 015　한 사람의 품위는 삶의 균형에서 온다　　　　　　　　040
DAY 016　행복할 줄 아는 사람은 종종 자신의 안부를 묻는다　　042
DAY 017　진짜 인맥은 선의에서 시작된다　　　　　　　　　　　044
DAY 018　흐름에 맡기는 지혜　　　　　　　　　　　　　　　　046
DAY 019　혼자 있을 줄 아는 사람이 강하다　　　　　　　　　　048
DAY 020　뻔뻔한 사람에게 속아서 자신을 탓하지 말자　　　　　050
Q&A　　　　　　　　　　　　　　　　　　　　　　　　　　　052

DAY 021　인간관계는 알고리즘과 닮았다　　　　　　　　　　　054
DAY 022　인생의 불행은 타인의 표정을 신경 쓰면서 시작된다　　056
DAY 023　더 넓고 깊은 시야로 멀리 볼 수 있는 사람　　　　　　058

DAY 024	남을 비난하는 데서 오는 통쾌함의 유혹에 빠지지 마라	060
DAY 025	도움을 주고 싶은 마음이 변화의 시작이다	062
DAY 026	모든 사람에게는 각자의 이유가 있다	064
DAY 027	나를 이해하는 단 한 사람의 가치	066
DAY 028	사기꾼들은 이렇게 생각하고 행동한다	068
DAY 029	부드럽지만 단단한 내면의 소유자	070
DAY 030	나이 들수록 점점 깨닫게 되는 진리	072
Q&A		074

DAY 031	매번 불공평하다고 외치는 사람	076
DAY 032	타인에게 기대하지 않는 삶이 무해하다	078
DAY 033	진짜 대운은 가장 늦게 온다	080
DAY 034	평생 기대고 싶은 지혜로운 등을 만나라	082
DAY 035	감사의 마음은 나눌 때 깊어진다	084
DAY 036	진짜 이해는 말보다 따뜻하다	086
DAY 037	관계를 회복할 가치가 있는 사람	088
DAY 038	억울해서 분이 풀리지 않을 때	090
DAY 039	타인보다 나를 먼저 이해하자	092
DAY 040	잡초 같은 관계를 솎아내라	094
Q&A		096

DAY 041	가장 폭력적인 말	098
DAY 042	작은 배려에서 그 사람의 품위가 보인다	100
DAY 043	마음에 머무는 사람을 만나라	102
DAY 044	관계를 지탱하는 것은 힘이 아니다	104
DAY 045	분노가 차오를 때 나에게 건네야 할 말	106
DAY 046	불확신의 늪에서 벗어나라	108
DAY 047	가까운 사람일수록 온기를 담아라	110
DAY 048	지긋지긋한 잔소리에 대처하는 법	112
DAY 049	헛된 희망을 품게 하는 사람	114
DAY 050	타인을 바꾸는 것보다 내가 떠나는 것이 빠르다	116
Q&A		118

DAY 051 나는 내가 미워했던 것들로 이루어져 있다   120
DAY 052 마음이 지옥일 땐 생각을 멈추자   122
DAY 053 뒤에서 남을 욕하는 이유   124
DAY 054 집착하지 않아야 차분하게 살 수 있다   126
DAY 055 처음부터 불편한 사람이라면   128
DAY 056 단호한 거절이 가진 가치   130
DAY 057 인생의 후반전으로 갈수록 빛나는 사람이 있다   132
DAY 058 최고의 위치에 오른 사람들의 공통점   134
DAY 059 친절한 마음이 가장 높은 지성이다   136
DAY 060 혼자 있을 수 있는 사람은 관계의 밀도가 높다   138
Q&A   140

DAY 061 우리에게는 사랑할 시간이 많이 남지 않았다   142
DAY 062 호의를 당연한 권리로 여기는 사람에게   144
DAY 063 시간과 정성은 나를 위해 쓰자   146
DAY 064 누군가를 믿었다는 건 아름다운 사람이라는 증거다   148
DAY 065 진짜 내 사람은 기쁜 일이 생길 때 찾을 수 있다   150
DAY 066 마음의 중심을 지키는 법   152
DAY 067 사과는 내 마음을 깨끗하게 만든다   154
DAY 068 다시 보고 싶은 풍경 같은 사람   156
DAY 069 들을 가치가 있는 말만 듣는다   158
DAY 070 흔들리지 않는 삶의 기준을 찾아라   160
Q&A   162

DAY 071 소문에 연연하지 않는다   164
DAY 072 웃으며 헌신할 수 있는 인연을 만나라   166
DAY 073 관계를 지혜롭게 정리하는 법   168
DAY 074 집착할수록 관계가 악화되는 이유   170
DAY 075 정중함은 나를 지키는 방식이다   172
DAY 076 체면은 차리는 것이 아니라 드러나는 것이다   174
DAY 077 좋은 사람이 주는 확신   176
DAY 078 첫 느낌은 틀리지 않는다   178

DAY 079	좋은 사람은 좋은 책과 닮았다	180
DAY 080	그리운 사람이 있다면 행복한 사람이다	182
Q&A		184

DAY 081	거절은 나를 적극적으로 지키는 행위다	186
DAY 082	시간은 진실을 숨기지 않는다	188
DAY 083	다정함은 체력으로부터	190
DAY 084	타인의 불행을 바라지 마라	192
DAY 085	나의 성장을 위해 필요한 것	194
DAY 086	어떤 상황에서도 당당해지는 법	196
DAY 087	어떤 사람을 끌어당기고 있는가	198
DAY 088	진짜 용기 있는 사람은 외면하지 않는다	200
DAY 089	내가 나아지면 세상도 나아진다	202
DAY 090	머무는 곳을 환하게 만드는 사람	204
Q&A		206

DAY 091	시간을 투자해서 실력을 키워라	208
DAY 092	냉정함이 서로를 위한 길이다	210
DAY 093	사는 게 점점 자신 없는 이에게	212
DAY 094	어른은 자기 행복을 자랑하지 않는다	214
DAY 095	지혜롭게 사는 사람의 생각법	216
DAY 096	눈을 바라보며 이야기를 하는 사람	218
DAY 097	평생 성장하는 사람들은 시선이 다르다	220
DAY 098	예의가 없는 사람을 굳이 지적할 필요가 없는 이유	222
DAY 099	이제 내게 열등감이라는 옷은 어울리지 않는다	224
DAY 100	다정함은 지적인 섬세함과 이해에서 시작된다	226
Q&A		228

에필로그	어른은 관계를 넓히는 게 아니라 지혜롭게 좁히는 사람이다	230

건강한 관계는 적당한 거리에서
탄생하는 꽃이다

때로는 남보다 못한 관계가 있다.
"너가 그러면 안 되지"라고 옭아매며
가깝다는 이유로 이해를 요구하는 관계가 그렇다.
관계의 핵심은 적당한 거리감이다.
떨어져 있어야 각자 생각할 시간을 가질 수 있다.
잠시 멀어질 용기를 내보자.
내가 모든 것을 다 이해할 필요가 없다는
관계의 진리를 스스로 깨달아야
건강한 관계를 가꿀 수 있다.

좋은 소식만 들려오는 사람의 비밀

봄바람이 불어오듯이
좋은 소식만 들려오는 사람이 있다.
마치 그 사람에게만
기적이 찾아오는 것 같다.
그건 그가 누군가에게 주었던 좋은 마음과
힘들 때마다 누군가에게 들려준 다정한 말이
사라지지 않고 쌓여서
운과 기적으로 돌아온 것이다.
우리는 꼭 명심해야 한다.
좋은 마음과 다정한 말은 타인이 아닌
소중한 나 자신을 위해서 가져야 하는 것이다.

함께 식사를 해보면 상대방의 크기를 알 수 있다

작은 식탁 앞에서도
한 사람이 살아온 인생의 크기를 알 수 있다.
먹는 모습에는 삶을 대하는 태도가 담겨있고,
식당 직원과 나누는 짧은 말 한마디에는
그가 세상을 어떻게 바라보는지가 묻어난다.
비록 작은 식탁이지만
사람을 대하는 태도가 고스란히 드러나기에,
그 의미는 결코 작지 않다.
누구도 밥상 앞에서는 거짓말을 할 수가 없다.
어떤 이력서보다 분명한 삶의 증거가 그곳에 있기 때문이다.
그러므로 함께 식사를 해보면 그 사람의 크기를 알 수 있다.

다른 사람의 표정을 너무 신경 쓰지 말자

'저 사람은 왜 저런 표정으로 나를 볼까?'
'혹시 내가 뭘 잘못한 걸까?' 하고
타인의 표정 하나하나에 신경 쓰다 보면
정작 내 일에 집중할 수가 없다.
말 한마디, 행동 하나에도
주변 반응을 살피느라 스스로를 잃게 된다.
모든 이유를 자신에게서 계속 찾으면
사람들과 함께하는 시간이
고통의 나날일 수밖에 없다.
모든 반응에 너무 의미를 두지 말자.
대부분의 표정은 단지 스쳐 지나가는 감정일 뿐이다.

연연하지 않고 깃털처럼 가볍게 살아라

삶에서 일어나는 일들을
하나하나 너무 무겁게 생각하지 말자.
살다 보면 그럴 수 있다.
생각보다 큰일은 아니며,
멀리 보면 사소한 일이다.
결국 다 잘될 것이다.

이 세상에는 참 다양한 사람들이 있다.
때로는 받아들이기 힘든 사람도 있다.
마찬가지로 연연하지 말고 흘려보내자.
마음에 고이지 않게
모두 밖으로 흘러나가게 하자.

기품이 넘치는 사람은 조용하다

기품이 넘치는 사람은
남을 부정하면서까지
자신이 옳다고 주장하지 않는다.
본인의 생각만이 정답이라고 여기며
타인의 의견을 무시하지 않는다.
오히려 다양한 시선을 존중하며
겸손하게 자신의 의견을 밝힌다.
그래서 주변 사람들에게
진정한 신뢰와 존경을 받는다.

나는 나를 구할 수 있는 유일한 사람이다

인간관계에서 늘 상처만 받는 사람이 있다.
선한 마음이 왜 매번 상처로 돌아오는 것일까?
그건 자기 마음이 다치는 것을 알면서도
상처를 준 사람에게 계속 기회를 주면서
언젠가는 나아질 거라고 기대하기 때문이다.
반복해서 같은 상처를 받고 있다면
그 자리에 머물지 말고 내 의지로 벗어나야 한다.
나를 구할 수 있는 사람은
세상 단 한 사람, 바로 자신뿐이다.

모든 것을 이해할 필요는 없다

공감을 잘하는 사람은
남들보다 더 깊고 넓게 포용하다 보니
타인의 슬픔과 고통 같은
부정적인 감정까지 함께 떠안으려 한다.
누군가 배신해도 그 마음을 이해해 보려 하고,
불편한 상황이 생겨도 결국 스스로 감내한다.
모든 것을 내가 다 이해할 수 없고,
그럴 필요도 없다는 사실을 마음에 새기자.
그렇지 않으면 타인에게 나의 인생을 소모하게 된다.

화려한 말보다 분명한 태도가
어른의 풍모를 완성한다

처음 만나는 사람일지라도

그의 태도를 보면 어떤 사람인지 짐작할 수 있다.

화려한 말로 잠시 자신을 꾸밀 순 있지만

태도는 쉽게 숨겨지지 않는다.

눈빛과 말투, 사소한 몸짓 하나에도

그가 지닌 가치관과 세계관이 고스란히 배어난다.

진짜 어른은 화려한 말이 아니라

분명한 태도로 삶의 철학을 증명한다.

거절은 나만의 철학이 있다는 증거

거절하는 일을 두려워할 필요가 없다.
인생은 '네'가 아니라
'아니오'라고 말한 만큼 더 진해진다.
부담 없이 거절한다는 것은
자신의 삶을 멋지게 산다는 증거다.
삶의 철학이 분명할수록
더 많이 거절할 수밖에 없다.
우리는 거절을 함으로써
진정 원하는 것과 중요한 것에 집중할 수 있다.
그 과정에서 삶은 더욱 단단해진다.

곱씹을수록 새로운 의미를 남기는
한 권의 고전처럼,
자꾸 만나고 싶은 사람이 주변에 있는가?
나 역시 그런 사람으로 성장하려면
무엇을 연습하고 배워야 하는가?

눈에 띄지 않는 가치를 발견하는 사람

고급스러운 취향을 가진 사람과 자주 만나자.
여기서 고급스러움은 비싼 것을 의미하는 게 아니다.
취향은 지금까지 그가 쌓아온 지성을 보여준다.
수준 높은 취향을 가진 사람은
언제 어디서든 작고 사소한 부분까지 섬세하게 포착하고,
그 의미를 확장해 근사하게 즐길 줄 안다.
그와 함께 대화를 나누면
'이런 생각을 할 수 있구나' 하고
경탄하는 순간이 자주 생긴다.
그 과정에서 자연스럽게 그의 지성을 경험하고,
미적 감각과 표현력, 센스까지 배울 수 있다.

맞춰간다는 말의 온도

"잘 맞지 않는 게 있으면 내가 맞춰갈게."
누군가 이렇게 말해준다면, 그 사람은 정말 귀중한 존재다.
누군가에게 나를 맞춰간다는 것은 참 어려운 일이다.
자신을 온전히 간직하면서
동시에 상대의 마음을 따뜻하게 배려해야만
가능한 일이기 때문이다.
타인을 향해 한 걸음씩 다가가는 발걸음에는
깊은 사랑과 신뢰, 이해가 필요하다.
그런 귀한 사람을 만났다면
어떤 일이 있어도 절대 놓치지 말자.

존중하는 마음을 아무에게나 주지 마라

우리 주변에는 상대를 가려가며
말과 행동의 수위를 조절하는 사람들이 있다.
그들은 자신의 무례함을 인지하고 있으며,
나를 만만하게 생각해서 의도적으로 무시를 일삼는다.
그런 비열한 사람은 전혀 존중할 필요가 없다.
존중은 내가 타인에게 줄 수 있는 가장 귀한 가치다.
나를 존중하지 않는 사람을 내가 존중할 이유는 없다.
잠시라도 마음 약해지지 말자.
비열한 사람은 그 틈을 노려 다시 상처를 줄 것이다.

허세 뒤에 숨은 외로움

"내가 얼마나 잘하는 줄 알아?"
"저 사람보다 내가 낫지."
이런 말을 굳이 입 밖으로 꺼내는 사람이 있다면,
이는 그가 외롭고 마음이 아프다는 신호일 수 있다.
아이들이 투정을 부리는 이유는
대개 사랑하는 부모의 관심을 받고 싶어서다.
어른도 다르지 않다.
그러므로 누군가의 허세와 자랑을 마주할 때는
그 이면에 외로움이 있다는 것을 알고,
그저 흘리면 된다.

한 사람의 품위는 삶의 균형에서 온다

나는 예의를 지키되,
타인을 신경 쓰지는 않는다.
예의를 지키는 이유는
내 마음의 평안을 위한 것이고,
남을 신경 쓰지 않는 것은
그 평안을 내 성장에 쓰기 위함이다.
언제나 삶의 중심을 확실히 잡고,
어떤 어려움에도 흔들리지 않는 사람은
공손함과 단호함 사이에서 균형을 잡는다.
이 균형을 알고 실천하는 사람은
평생 품위를 유지하며 우아하게 살 수 있다.

행복할 줄 아는 사람은
종종 자신의 안부를 묻는다

웃음도 울음도 없는 평온한 시간을 오래 유지하자.

일상의 작은 낭만을 소소하게 즐기고,

모든 문제를 혼자 해결하려 애쓰지 말자.

글쓰기로 내 마음의 안부를 자주 묻고,

고생하는 나에게 가장 좋은 기분을 선물하자.

고통 속에서도 행복할 줄 아는 사람은

언제 어디서든 넉넉하고 자유롭게

나에게 다가온 행복을 기꺼이 누린다.

진짜 인맥은 선의에서 시작된다

내가 도움을 주려는 마음을 가질 때,
진정 좋은 사람을 만나고 나도 성장할 수 있다.
인맥은 억지로 만드는 것이 아니라
조용히 쌓여가는 것이다.
다른 사람에게 도움을 주려는 마음으로 살자.
그럼 단순히 '내가 아는 사람'이 아니라
'나를 아는 사람'이 늘어난다.

흐름에 맡기는 지혜

억지로 애써가며 관계를 유지할 필요가 없다.
인연은 계절처럼 자연스럽게 때를 따라 움직인다.
그 흐름을 믿고 맡기는 것이 진정한 지혜다.
삶의 태도가 여유로운 사람 곁에는
자연스럽게 좋은 인연이 모인다.
내 마음부터 편안히 가다듬고
있는 그대로 인연을 받아들이자.
인생은 결국 내 안에서 평화를 찾고
그 평화와 함께 살아가는 긴 배움의 과정이다.
모든 인연을 자연스러운 흐름에 맡기자.

혼자 있을 줄 아는 사람이 강하다

혼자서도 잘 지내는 사람이
진실로 내면의 힘이 센 사람이다.
혼자서도 충분하다는 것은
스스로를 지탱할 수 있는 강함을 보여준다.
혼자 있는 시간은
나를 단단하게 만드는 시간이다.
그 시간을 즐길 줄 아는 사람만이
누군가의 손을 잡을 때
흔들리지 않는 안정감을 줄 수 있다.

뻔뻔한 사람에게 속아서 자신을 탓하지 말자

간혹 상대방이 분명히 잘못했는데도
너무 당당한 태도를 보여 혼란스러울 때가 있다.
그럴 때 '내가 잘못한 부분이 있나?' 하고
자신을 의심할 필요는 없다.
잘못을 인정하지 않고 뻔뻔하게 행동하며
상대를 위축시키는 것이 그들의 교묘한 전략이다.
뻔뻔함이 유일한 무기인 이들에게는
무관심이라는 가장 좋은 선물을 주고
조용히 스쳐 지나가면 된다.

나는 타인에게서 무엇을 얻고자 하는가?
그리고 나는 그들에게 무엇을 건넬 수 있는가?

인간관계는 알고리즘과 닮았다

어떤 영상을 하나 보면 알고리즘으로
비슷한 영상이 계속 나오는 것처럼
인간관계도 비슷하다.
내가 어떤 사람과 연을 맺는지에 따라
비슷한 결을 지닌 사람들과 자꾸 인연을 맺게 된다.
내가 읽는 책과 자주 사용하는 말,
그리고 내가 추구하는 신념과 철학이
나의 현재 수준을 완성하며,
내 인간관계의 한계를 결정한다.
더 좋은 사람을 만나려면 더 좋은 내가 되어야 한다.

인생의 불행은
타인의 표정을 신경 쓰면서 시작된다

자신이 애써 만든 결과물에 대한 평가를
타인의 표정으로 결정하지 말자.
그건 고생한 나에 대한 예의가 아니다.
인생의 모든 불행은 내가 아닌
다른 사람들의 표정을 신경 쓰면서 시작된다.
'저 사람은 나랑 취향이 다르구나'
'그럴 수도 있지' 하고 흘려보내자.
나라서 다르고, 달라서 특별한 것이다.
자꾸 타인의 반응을 신경 쓰다 보면
나만의 고유성을 잃는다.

더 넓고 깊은 시야로 멀리 볼 수 있는 사람

예민한 사람들이 가진 멋진 장점이 있다.
그들은 자신의 감정을 정확하게 이해하고,
주변을 섬세하게 관찰한다.
또한 마음이 원하는 신호를 놓치지 않으며,
같은 경험을 해도 더 깊게 느낀다.
예민한 사람들은 좀 더 깊고 넓은 시야로
멀리까지 볼 수 있어서
남들은 짐작할 수 없는 세계를 만날 수 있다.

남을 비난하는 데서 오는
통쾌함의 유혹에 빠지지 마라

남의 말과 행동을 비난하는 사람들은
곧 자신이 내뱉은 말을 통해서 심판을 받게 된다.
그들이 쉽게 던지는 말과 행동들은
스스로도 지키기 어려운 것들이기 때문이다.
그러니 쉽게 남을 비난하지 말자.
통쾌한 감정을 느끼고 싶다는
수준 낮은 유혹에 넘어가지 말자.
통쾌한 순간은 짧지만 후회의 순간은 매우 길다.

도움을 주고 싶은 마음이 변화의 시작이다

모든 관계의 시작은 도움을 주려는
아름다운 마음에서 시작한다.
세상은 우리가 건넨 진심만큼 다시 되돌려준다.
나의 말과 행동이
누군가의 삶에 빛이 된다면,
그 빛은 언젠가 내 삶에도 닿아서
내 가장 어두운 곳을 밝게 비춰준다.
진짜 성장을 이루고 싶다면,
먼저 도움을 주려는 고운 마음을 품어야 한다.
그 마음이 모든 변화의 시작이다.

모든 사람에게는 각자의 이유가 있다

마음을 열고 다가가서 대화를 나누면
세상에 이해하지 못할 사람이 없다.
그러니 사람을 무작정 미워하지 말자.
인생은 결국 각자의 몫이며
다들 그렇게 사는 이유가 있다.
"당신은 그런 인생을 살아가고 있구나" 하고
이해하며 넘어가는 게
결국 나에게 가장 이로운 선택이다.

나를 이해하는 단 한 사람의 가치

내 인생의 방향과 맞지 않는 사람과는
굳이 인연을 맺으려 노력하지 말자.
나의 가치관을 이해하지 못하는 사람에게
늘 설명을 덧붙여야 한다면
그것은 삶을 낭비하는 것이기 때문이다.
세상에는 나의 생각을 온전히 이해하고
끝까지 응원해 주는 사람도 있다.
말하지 않아도 서로의 마음을 이해하는
그 한 사람만 있다면,
삶은 더 아름다워진다.

사기꾼들은 이렇게 생각하고 행동한다

살다 보면 내가 아무리 똑똑해도
나를 속이고자 하는 이들을 만나게 된다.
그들이 생각하는 방식은
보통의 사람들과 매우 다르다.
그들은 지금 이 순간에도 자기 이익만 생각하며,
어떤 최악의 결과를 마주해도 죄책감을 느끼지 않는다.
오늘만 살고 내일은 고려하지 않는다.
또한 "내가 뭘 그렇게 잘못했나요?" 하고 자주 말한다.
그들이 생각하는 방식을 알아야
그들에게서 벗어날 수 있다.

부드럽지만 단단한 내면의 소유자

늘 웃고 있지만 결코 만만해 보이지 않으며,
함부로 대할 수 없는 사람이 있다.
그는 해야 할 말과 참아야 할 말을 구분할 줄 알고,
반드시 해야 할 말은 다정한 말투로 전한다.
주변이 아무리 혼잡해도 홀로 여유를 잃지 않으며,
무례한 말에도 쉽게 반응하지 않는다.
언제나 곧은 자세를 유지하고,
확신에 찬 눈빛으로 자신을 표현한다.
이렇게 부드럽지만 단단한 내면을 지난 사람은
관계 속에서 힘든 일이 있어도
끝까지 자신을 믿을 줄 안다.

나이 들수록 점점 깨닫게 되는 진리

내가 안다고 해서 굳이 모든 것을 다 말할 필요는 없고
내가 옳다고 믿더라도 그것을 강요하거나
굳이 상대를 설득하려 애쓸 필요도 없다.
그 사람의 말과 태도는 지금까지 그가 쌓아온
지성과 인격을 그대로 드러낸다.
그 어떤 멋진 한마디도
그 사람의 수준을 갑자기 높일 수는 없다.
그러니 누군가를 애써 바꾸려고 하지 말고,
그저 있는 그대로 받아들이면 된다.

같은 말을 해도 호감이 가는 사람은
무엇이 다른가?
그것을 배우기 위해서는 어떤 노력이 필요한가?

매번 불공평하다고 외치는 사람

타인을 시기하는 마음이 큰 사람은
세상이 언제나 자신에게만 불공평하다고 느낀다.
자신이 남들보다 못한 게 없는데
다른 사람이 더 많이 가졌다는 이유로 억울해한다.
그래서 그는 모든 것이 다 불공평하다고 외친다.
아무리 주변에 좋은 사람이 많더라도
시기심이 많은 한 사람과 가까이 지내면
내 선택이 불필요한 비교의 대상이 된다.
그러니 그들의 태도와 말투를 주의 깊게 살피고,
거리를 두는 지혜가 필요하다.

타인에게 기대하지 않는 삶이 무해하다

자꾸 사람에게 기대하고 실망하게 되는 이유는
그 기대가 타인을 향하기 때문이다.
타인에게 열 가지를 기대하기보다는
나에게 한 가지를 기대하는 게 현명하다.
타인을 향한 기대는 종종 실망으로 돌아오지만
나를 향한 기대는 설령 실패하더라도
값진 경험으로 내 안에 쌓인다.
기대하는 마음이 타인이 아니라
스스로를 성장시키는 방향으로 향할 때,
비로소 나는 더 단단해진다.

진짜 대운은 가장 늦게 온다

너무 서두르면 마음이 조급해지고,

그 조급함은 불필요한 기대와 실망으로 이어진다.

남에게 지나치게 많은 것을 기대하게 되고,

기대만큼 일이 풀리지 않으면

자신을 괴롭히게 된다.

주변 사람들이 먼저 좋은 기회를 만났다고 해서

불안해하거나 흔들리지 말자.

상상할 수 없을 정도로 크고 멋진 행운이

지금도 천천히 나를 향해 다가오고 있다.

그 운이 크고 묵직하기 때문에 도달하는 속도가 느릴 뿐,

결코 나를 지나치지 않는다.

평생 기대고 싶은 지혜로운 등을 만나라

한 사람이 가진 생각의 크기는
그가 살아갈 인생의 크기를 결정한다.
우리가 배우고, 깨닫고, 공부하는 이유는
생각의 지평을 넓히기 위해서다.
이 생각은 곁에 있는 사람에 의해
깊이와 방향이 달라진다.
그래서 누구와 함께하느냐가 중요하다.
평생 기대고 싶은 단단한 등을 가진 사람을 만나라.
필사, 독서, 글쓰기를 통해
그가 바라보는 세계를 마음껏 흡수하라.
그럼 매일이 새로운 통찰로 가득 채워질 것이다.

감사의 마음은 나눌 때 깊어진다

혼자서 모든 것을 다 해낼 수는 없다.
지금 내가 누리고 있는 많은 것들은
주변의 소중한 사람들 덕분이다.
나는 그저 세상이 건넨 선물을
운 좋게 받았을 뿐이다.
그렇게 생각하면 감사하지 않을 이유가 없다.

내 주변에는 좋은 사람이 많다.
나는 참 복이 많은 사람이다.
이제는 나도 누군가에게
도움이 되는 사람이 되고 싶다.
이런 마음을 속에만 담아두지 말고,
그 고마움을 말과 글로 전하자.

진짜 이해는 말보다 따뜻하다

"이해는 하지만" 하고 말하는 사람은
사실 이해하지 못한 것이다.
진심으로 마음의 결이 맞는 사람은
굳이 '이해'라는 말을 입 밖으로 꺼내지 않는다.
진정한 이해는 조용히 곁에 머무는 행동으로 드러난다.
따뜻한 눈빛, 다독이는 손짓 하나가
슬픔과 고통을 위로한다.
그렇게 묵묵히 함께 있어주는 사람이
나를 가장 깊이 이해하는 사람이다.

관계를 회복할 가치가 있는 사람

그다지 소중하지 않은 사람들과
원만한 관계를 유지하느라
소중한 사람들에게 쓸 에너지까지 소모하지 말자.
관계가 어긋났을 때는 자신에게 물어봐야 한다.
"그는 나의 장점을 보게 하는 사람인가?
반대로 나의 단점만 자꾸 드러나게 하는 사람인가?"
내가 생각보다 더 좋은 사람이라는 것을
알려주는 사람이라면 관계를 회복할 가치가 있다.

억울해서 분이 풀리지 않을 때

너무 억울해서 분이 풀리지 않을 때는
어떤 조언도 도움이 되지 않는다.
그럴 땐 혼자서 차분하게 사색해야 한다.
세상에 싸움으로 해결되는 문제는 없고
내가 지금 느끼는 억울함은
이기심에서 비롯된 것일지도 모른다.
다툼은 서로의 민감한 지점을 확인하는 과정이다.
이 경험을 통해 몰랐던 나의 모습을 발견했다고 생각하자.
억울한 마음이 남아있는 날에도
세상과 나를 바라보는 태도를 바꾸면
차분하게 웃으며 하루를 마무리할 수 있다.

타인보다 나를 먼저 이해하자

누군가를 이해하려는 마음은 아름답다.
그러나 "처음부터 그런 사람은 아니었어"
또는 "심성은 착한데 상황이 안 좋아서 그래" 하고
일방적으로 누군가를 옹호해 줄 필요는 없다.
어른이라면 누구나 자신의 선택에 책임을 져야 한다.
무엇이 되었든 그 사람이 선택한 것이고,
그 결과 역시 당사자가 책임져야 한다.
다른 사람을 이해하려고 하기 전에
나를 더 이해하려고 노력해 보자.
먼저 나 자신을 이해할 수 있어야
남도 진심으로 이해할 수 있다.

잡초 같은 관계를 솎아내라

더 소중한 것에 마음을 쓰기 위해서는
잡초 같은 관계부터 정리해야 한다.
그 사람은 나를 존중하는가,
아니면 그저 나를 이용하고 있는가?
자신에게 조용히 물어보자.
세상에 무조건 나쁜 사람은 없지만,
각자에게 맞는 사람은 있다.
그러니 놓아줄 사람은 빠르게 정리하는 것이 아름답다.
그것이 서로 더 잘 맞는 사람을 찾을 수 있는 기회이자 배려다.

내 안의 결핍은 무엇이며,
그 결핍을 건강하게 극복하기 위해
지금 내가 할 수 있는 일은 무엇인가?

가장 폭력적인 말

모든 관계에서 가장 폭력적인 말은
"네가 나한테 그러면 안 되지"라는 말이다.
그 말은 상대방의 발목을 붙잡고
마음에는 죄책감을 심는다.
가족, 친구, 연인 사이에서도 마찬가지다.
우리는 알아야 한다.
사랑이라는 이름으로 포장된 말이
때로는 상처를 준다는 것을.
상대가 나를 존중하지 않는 관계라면
용기 있게 끊어내야 한다.

작은 배려에서 그 사람의 품위가 보인다

통화를 마칠 때
상대가 먼저 끊기를 기다리거나
잠시 숨을 고르고 끊는 사람이 있다.
상대가 먼저 끊기를 기다리며
존중과 배려의 마음을 전하는 것이다.
3초 정도의 그 짧은 시간에도
그 사람의 품위를 느낄 수 있다.
인생에서 중요한 기본적인 예절은
결코 대단한 것들이 아니다.
한 사람의 품위는 사소한 배려에서 엿볼 수 있다.

마음에 머무는 사람을 만나라

같은 '공간'에 머무는 사람과
같은 '마음'에 머무는 사람을 구분하자.
직장이나 학교에서 만나는 사람들은
같은 공간에 머무는 사람이라고 생각하면 편하다.
각자의 목적을 위해 어쩔 수 없이
장소를 공유하는 것이기 때문이다.
하지만 마음을 나누는 관계는 다르다.
아무리 멀리 떨어져 있어도
곁에 있는 것처럼 따뜻한 감정을 느낄 수 있다.
평생 믿을 수 있는 진실한 관계는
가까운 거리가 아니라 마음의 온도가 결정한다.

관계를 지탱하는 것은 힘이 아니다

가장 큰 권력은 힘이 있어도 쓰지 않을 때 나온다.
힘을 가졌다고 마음대로 쉽게 휘두르면,
결국 중심을 잡지 못하고 스스로 무너지게 된다.
힘을 앞세우면 관계는 긴장으로 얼어붙고,
존중이라는 가치도 서서히 사라진다.
진짜 강한 사람은 말을 아끼고 자신을 낮추며,
상대방의 말에 귀를 기울일 줄 아는 사람이다.
관계는 힘으로 유지되지 않는다.
오직 이해와 존중으로만 오래 지속된다.

분노가 차오를 때 나에게 건네야 할 말

화를 내는 건 이상한 게 아니다.
다만 어른이라면 자신을 차분하게 달랠 수 있어야 한다.
입에서 나오는 분노의 말을 줄이려면,
다음의 말들을 기억하라.

너무 심각하게 생각하지 말자.
날카롭게 반응하면 내가 제일 힘들어진다.
좋았을 때를 생각하며 예쁜 면을 보자.
장점이 있으니 단점도 있는 것이다.

불확신의 늪에서 벗어나라

자신을 믿지 못하는 사람들은 매번 묻는다.
"나만 그런 건가요?"
매번 이런 식으로 무언가를 결정할 때
타인의 의견을 묻는다면
그건 자신을 향한 예의가 아니다.
왜 생각한 것을 그대로 전하지 못하는가?
왜 타인의 동의를 구해야 하는가?
왜 다수에게 공감을 받아야 하는가?
왜 혼자서 용기를 내지 못하는가?
소중한 나의 생각을 더는 부끄럽게 만들지 말자.

가까운 사람일수록 온기를 담아라

오랫동안 알고 지낸 사람들과 다툴 땐,
서로가 서로를 너무나 잘 알고 있어서 무섭다.
어디를 공격하면 가장 아픈지
누구보다 잘 알고 있기 때문이다.
내게 사랑과 행복을 속삭이던 입에서
날카롭게 비수를 꽂는 말들이 나올 때
우리는 남보다 못한 존재가 된다.
그러므로 가까운 사이일수록,
말 한마디에도 온기를 담아야 한다.

지긋지긋한 잔소리에 대처하는 법

"제발 좀 정신 차려."
"네가 지금 그런 거나 할 때야?"
무언가를 의욕적으로 시작하려고 하면,
어김없이 나타나서 실컷 비웃는 사람들이 있다.
그럴 때는 세상에 늦은 때는 없다는 것을 기억하자.
내가 하지 못할 일은 없다.
모든 도전은 언제나 아름답고 고귀하다.
내가 스스로 선택한 일이라면
치열하게 끝까지 밀고 나가서
그들의 잔소리가 틀렸음을 증명하자.

헛된 희망을 품게 하는 사람

"갈 수 있으면 갈게" 하고
유독 자주 말하는 사람이 있다.
사람에 대한 믿음이 깊다면
그 말을 진심으로 받아들이고 기다리게 된다.
하지만 그 말은 곧, "가지 않을 거야"라는
완곡한 거절일 뿐이다.
이렇게 헛된 희망을 품게 하는 사람들이 주변에 많으면
내 마음이 자꾸 지쳐서 병든다.
짐작이 가능한 사람,
말보다 행동이 앞서는 사람과
더 자주 마주 앉아서 대화를 나누자.

타인을 바꾸는 것보다
내가 떠나는 것이 빠르다

"다들 그 정도는 하고 살아."
"다 너를 생각해서 하는 말이야."
"네가 그래서 안 되는 거야."
조언이라고 들려주는 이런 말을 계속 들으면,
내 마음은 크게 무너지기 쉽다.
이럴 때 그의 말투를 공개적으로 비난하기보다는
내가 있는 자리를 바꾸는 것이 지혜롭다.
그들과 거리를 두자.
거리두기는 차가운 선택이 아닌
나를 지키는 따듯한 배려다.

나는 사람들의 기억 속에
어떤 얼굴로 남아있는가?
사람의 마음에 오래 머무는 인상은
무엇이 다른가?

나는 내가 미워했던 것들로 이루어져 있다

내가 그토록 원망했던 부모님의 말투를
그대로 아이에게 들려주며 살고 있다면,
내가 죽도록 미워했던 사람들의 태도를
그대로 가족에게 보여주며 살고 있다면,
당장 그 삶에 이별을 고해야 한다.

미움은 세상에서 가장 수준 낮은 감정이며,
그 감정을 품고 있는 동안 점점 닮아가기 쉽다.
결국 내가 죽도록 미워했던 것들이
나의 태도와 철학이 되고,
지금의 나를 완성한다.

마음이 지옥일 땐 생각을 멈추자

타인으로 인해 내 마음이 지옥일 때는
그 안에서 피어난 글도 지옥을 닮는다.
이럴 땐 생각을 멈추고 흘러가는 대로 나를 맡기자.
지금 이 순간을 벗어나려 발버둥 치지 말고
유유히 이 힘든 시기를 통과하자.
누구도 탓하지 말고 현실을 원망하지도 말자.
그저 이 글을 따라 쓰며 묵묵히 흘려보내자.
살다 보면 지옥 같은 날들도 찾아온다.
하지만 우리는 멈추지 않고 걸어가야 한다.
방황하는 시간조차도 소중한 나의 인생이니까.

뒤에서 남을 욕하는 이유

누군가 뒤에서 나를 헐뜯는 이유는 단순하다.
앞에서는 말할 용기가 없기 때문이다.
그렇기에 그 말에 휘둘리거나
굳이 해명하려 애쓸 필요는 없다.
나에게는 나를 증명해야 할 이유도
그를 설득해야 할 의무도 없다.
사람은 자신의 수준에 맞는 자리에만 머물 수 있다.
그리고 그의 자리가 나의 '뒤'라면,
나는 굳이 돌아볼 필요가 없다.

집착하지 않아야 차분하게 살 수 있다

누군가 나를 좋게 본다면
그저 감사한 마음으로 살아가면 된다.
누군가 나를 싫어한다면
그럴 수도 있다는 여유로 지나가면 된다.
좋고 싫음은 주관적인 것이니
굳이 나를 싫어하는 사람에게
나를 변호하려 애쓸 필요는 없다.
오히려 그럴수록 그 사람에게
나를 싫어할 이유를 하나 더 줄 뿐이다.
인연을 쥐고 있을수록 마음은 더 무거워진다.
놓아야 비로소 가벼워진다.

처음부터 불편한 사람이라면

처음 만난 순간부터 편안한 사람이 있고,
반대로 처음부터 불편한 사람도 있다.
닿지 않는 마음은
시간이 흐를수록 더 멀어지기에,
처음부터 어긋난 인연은
나란히 걷기 어렵다.
시작부터 잘 맞지 않으면
끝까지 어긋날 가능성이 높다.
우리의 남은 인생은 생각보다 길지 않으니,
마음이 맞는 사람에게 쏠 시간도 부족하다.

단호한 거절이 가진 가치

거절해야 할 분명한 이유와 가치를 아는 사람은
불편하고 어렵다는 이유로
그 일을 회피하지 않는다.
지금 내가 단호하게 거절하지 못하는 것은
그 이유와 가치를 제대로 모르고 있다는 증거다.
내일이 기대되는 인생을 살고 싶다면
오늘부터 좀 더 단호해져야 한다.
깊은 사색과 질문 끝에 자기 삶의 이유와
분명한 가치를 찾은 사람만이
흔들리지 않고 분명하게 거절할 수 있다.

인생의 후반전으로 갈수록 빛나는 사람이 있다

젊을 때는 누구나 청춘의 온기로 밝게 빛난다.
하지만 인생의 후반전을 아름답게 밝히는 사람은
하루하루 쌓은 태도와 내면의 깊이로
자신만의 빛을 뿜어낸다.
나는 그 빛이 가진 힘을 굳게 믿는다.

늘어나는 주름은 신경 쓰지 말자.
아무리 감춰도 세월은 드러난다.
보이는 것에만 마음을 두지 말고
언제나 본질과 진실을 바라보자.
아무도 흉내 낼 수 없는 내 삶의 빛을 만들자.

최고의 위치에 오른 사람들의 공통점

각 분야에서 최고의 위치에 오른
근사한 사람들에게는 공통점이 있다.
그들은 혼자 있는 시간을 무엇보다 소중하게 생각한다.
자신의 일을 통해서 스스로의 가치를 빛내는 사람들은
혼자 있는 시간을 두려워하지 않는다.
오히려 그 시간을
행복의 원천으로 삼을 줄 안다.

친절한 마음이 가장 높은 지성이다

남을 깎아내리는 사람에게는 나쁜 일만 생긴다.
부정적인 기운이 나쁜 소식만 부르기 때문이다.
친절한 마음은 남이 아닌
나 자신의 지적 성장을 위해 필요하다.
지성인은 어디에서나 친절한 마음을 잃지 않는다.
우리가 무언가를 배우는 이유는
단지 똑똑해지기 위해서만은 아니다.
지성의 끝에 친절한 마음이 존재하기 때문이다.
스스로의 수준을 높인 사람만이
타인에게도 친절할 수 있다.

혼자 있을 수 있는 사람은
관계의 밀도가 높다

지성이 깊어질수록 혼자 하고 싶은 것이 많아진다.
'나'라는 멋진 도구를 활용해
무언가를 하나씩 창조해 나가는 일이 좋기에
굳이 누군가와 함께할 필요성을 느끼지 않는다.
지금 내게 정말 필요한 존재는
오직 나 한 사람뿐이기 때문이다.
그런 까닭에 자신을 멋지게 활용할 줄 아는 사람일수록
인간관계는 점점 단순해지지만,
그만큼 행복은 깊어지고 관계의 밀도는 높아진다.
나의 이름을 아는 사람은 줄어들지만,
나의 마음을 아는 사람은 늘어나기 때문이다.

갈등을 마주할 때
나는 어떻게 대응하는 사람인가?
분쟁을 잘 해결하고 설득에 능한 사람은
무엇이 다른가?

우리에게는 사랑할 시간이 많이 남지 않았다

가족 같은 반려동물을 갑자기 떠나보내면
한동안 세상이 멈춘 듯 아무것도 손에 잡히지 않는다.
익숙한 일상이 낯설게 느껴지고
세상이 조용히 무너지는 듯한 기분이 든다.

사람 사이의 관계도 다르지 않다.
나이가 들수록 갑작스러운 부고 소식이 잦아진다.
그건 늦기 전에 소중한 사람들에게
마음을 전하라는 하늘의 조용한 신호다.
사랑할 시간은 생각보다 많지 않다.
지금 당장 그 마음을 전해야 한다.

호의를 당연한 권리로 여기는 사람에게

내가 특별히 베푼 호의를
누군가 당연한 권리로 여긴다면,
그는 아마도 오래전부터
타인의 마음을 헤아리지 않고
살아온 사람일 것이다.
자신이 편안히 누리는 것이
누군가의 배려 덕분이라는 사실을
한 번도 생각해 본 적이 없기에,
타인의 호의를 권리처럼 소비하는 것이다.
그럴 땐 굳이 그를 변화시키려고 애쓰기보다
사람들이 베푼 수많은 호의가 얼마나 귀한 것인지를
그가 언젠가 깨닫기를 바라며
호의를 거두는 것이 나를 지키는 길이다.

시간과 정성은 나를 위해 쓰자

나의 시간과 정성은 언제나
나 자신의 삶을 지탱하기 위한 것이다.
그러니 다른 사람의 기분을 살피고
모두에게 이해받으려 애쓰느라
나를 소모하지 말자.
우리의 삶은 너무 짧다.
내가 가진 에너지는 무엇보다
나를 위한 일에 쓰여야 한다.

누군가를 믿었다는 건
아름다운 사람이라는 증거다

누군가의 배신이 유난히 아프게 느껴지는 건
그만큼 그 사람을 믿었기 때문이다.
절대 자책할 필요는 없다.
누군가의 가슴 아픈 배신은
그가 신뢰를 얻을 자격이 없다는 뜻이다.
사람을 순수하게 믿은 사람에게는 잘못이 없다.
누군가에게 믿음을 준 나를 부끄러워하지 말자.
더 나은 사람을 만날 수 있는
새로운 기회라고 생각하면 된다.

진짜 내 사람은 기쁜 일이 생길 때 찾을 수 있다

힘들 때 곁에 머무는 사람은 생각보다 많다.

그러나 정말 행복한 순간,

그 기쁨을 함께 나눌 사람은 의외로 드물다.

다른 사람을 진심으로 축하해 주는 것은

세상에서 가장 힘들고 어려운 일 중 하나다.

특히 가까운 사람일수록 더 어렵다.

나도 모르게 질투와 시기심이 생기기 때문이다.

그럼에도 불구하고 여전히 곁에서

좋은 일이 있을 때마다

나보다 먼저 기뻐하는 사람이 있다면,

그 사람은 삶이 내게 준 가장 따뜻한 선물이다.

마음의 중심을 지키는 법

자꾸 다른 사람의 눈치를 보고
그가 내 말과 행동을 어떻게 받아들일지
지나치게 신경을 쓰면
정작 나의 일에 집중하지 못한다.
타인 때문에 내 중심이 흔들려서는 안 된다.

흔들리지 않고 나를 지키는 힘,
그건 바로 '진심'이다.
자신의 일과 관계에 마음을 다했다면
설령 결과가 기대만큼 좋지 않더라도
후회나 미련은 남지 않는다.

사과는 내 마음을 깨끗하게 만든다

잘못하고도 사과하지 않는다면
그건 어리석게도 자신의 마음을 더럽히는 일이다.
상대방에게 분명하게 사과를 해야
기분 나쁜 기억과 순간을 지울 수 있다.
굳이 악취가 나는 옷을
계속 입고 있을 필요는 없다.
혹시나 망설이고 있다면 기억하자.
아무리 모른 척해도
잘못은 저절로 지워지지 않는다.

다시 보고 싶은 풍경 같은 사람

스스로 감당할 수 있을 정도로
적절하게 관계를 정리해야
일상에 집중하고 효율적으로 살 수 있다.
그러려면 분명한 나만의 기준이 필요하다.
모든 관계는 노력이 필요하지만
노력만으로 겨우 유지되는 관계라면
굳이 연연할 이유가 없다.
그런 사람이 있다면 자신에게 이렇게 물어보자.
"그는 다시 감상하고 싶은 풍경인가?"
그저 떠올리는 것만으로도 마음이 따뜻해지는 사람,
오래 바라보고 싶은 풍경 같은 사람과 함께하자.

들을 가치가 있는 말만 듣는다

가까운 인연도 아닌 사람이
내 험담을 한다는 것을 알게 되었을 때조차,
우리는 종종 자신의 말과 행동을 돌아본다.
그러나 그것은 자신을 괴롭히는 가장 어리석은 선택이다.
나를 잘 알지도 못하는 사람이
함부로 내뱉은 무책임한 말 때문에
왜 아무 잘못 없는 자신을 괴롭히는가.
나를 아끼는 이들의 말만 귀담아듣자.
경청은 들을 가치가 있는 말에만 마음을 여는 것이다.

흔들리지 않는 삶의 기준을 찾아라

자기 삶의 기준이 없는 사람은
무언가를 선택할 때마다 흔들린다.
특히 사람과의 관계에서 더 그렇다.
어떤 원칙과 기준을 갖고 살아갈지
스스로 결정하고 반드시 지켜내자.
기준이 흔들리면 모든 게 흔들린다.
고요하지만 단단한 어른의 삶을 원한다면
나의 기준부터 분명해야 한다.

어디서든 환영받는 사람에게는
어떤 특징이 있는가?
나는 함께 있는 사람들로 하여금
어떤 감정을 느끼게 만드는가?

소문에 연연하지 않는다

나에 대한 안 좋은 소문을 전해주는 사람은 멀리하자.
그는 겉으로는 나를 생각해 주는 척을 하지만
사실은 내가 두려워하는 모습을 즐기는 것이다.
그깟 소문에 소중한 감정을 낭비하지 말고
오히려 긍정적으로 생각하며 웃자.
아무것도 하지 않으면 소문도 생기지 않는다.
소문은 내가 잘 살고 있다는 증거다.
신경 쓸 가치가 없는 일은 무심하게 넘기자.

웃으며 헌신할 수 있는 인연을 만나라

헌신은 참 아름다운 말이다.
몸과 마음을 바쳐서 온 힘을 다한다는 것은
그만큼 그 관계가 내게 소중하다는 뜻이다.
하지만 혹시 일방적으로
나만 헌신하는 것은 아닌지 생각해 보자.
관계를 지속하기 위해서
나만 상대에게 헌신하고 있진 않은가?
헌신은 순수한 마음에서 우러나오는 것이지
대가나 희생이어서는 안 된다.
웃으며 헌신할 수 있는 진짜 인연을 만나자.
그래야 내 진심도 빛날 수 있다.

관계를 지혜롭게 정리하는 법

관계를 개선하려고 할 때
감정이 녹아있으면 불편하다.
그러나 그 불편한 감정을 극복하려는
용기와 의지 없이는 무엇도 바꿀 수 없다.
관계를 지혜롭게 정리하고 싶다면,
조금이라도 정이 남아있을 때
보내주는 것이 가장 아름답다.
지긋지긋해질 때까지 관계를 정리하지 못하면
서로에게 미움만 남을 수밖에 없다.
사랑을 사랑으로 기억할 수 있도록
좋은 감정이 남아있을 때 그 사람을 보내주자.

집착할수록 관계가 악화되는 이유

유독 관계에 집착하는 사람은
상대방을 아끼는 것이 아니다.
혹시라도 받을 상처가 두려워서
지나치게 자신을 보호하는 것뿐이다.
집착해서는 어떤 관계도 나아질 수 없다.
집착은 자신을 망치는 과잉보호라는 것을
스스로 깨달아야 벗어날 수 있다.
모든 집착은 괴로움의 시작이다.
끝이 없는 고통에서 벗어나자.

정중함은 나를 지키는 방식이다

살다 보면 무례한 사람을 만나게 된다.
그럴 때는 적당한 예의로 대하는 것이 좋다.
그는 자신이 무례하다는 것을 모르기 때문에
아무리 좋은 말로 설명해 줘도 통하지 않는다.
자신의 말과 행동이 무례하다는 것을 알았다면,
애초에 그렇게 하지 않았을 것이다.
그의 가족도 평생 해결하지 못한 문제를
내가 해결할 수는 없다.
그래서 정중함은 그를 위한 태도가 아니라,
나를 위한 선택이다.
무례함 앞에서 품위를 지키는 일은
내 마음을 보호하는 좋은 방법이다.

체면은 차리는 것이 아니라 드러나는 것이다

어느 정도의 체면을 지키는 것은 중요하다.
하지만 억지로 체면을 차리기 위해서
없는 것을 과장하거나 자랑하면
오히려 조금 있던 품위마저 다 사라진다.
체면은 비싼 옷과 좋은 집에서 나오는 것이 아니라
내가 좋은 사람이 되면 저절로 드러나는 것이다.
억지로 꾸미려 하기보다,
진심과 성실함으로 자신을 가꿔가자.

좋은 사람이 주는 확신

'이 사람이 과연 좋은 사람일까?'
누군가를 봤을 때 이런 의문이 든다면
그는 좋은 사람일 가능성이 낮다.
좋은 사람은 절대로 헷갈릴 수가 없다.
사기꾼이 아무리 자신을 숨기려 해도
정체가 드러나는 것처럼,
좋은 생각을 지닌 사람은
얼굴에 깃든 미소만 봐도 느껴진다.
좋은 사람은 그 자체로 확신을 준다.

첫 느낌은 틀리지 않는다

나쁜 관계는 얼룩처럼 스며들고 번진다.
지켜보며 나아질 거라고 기대해도 단지 희망일 뿐,
관계는 점점 더 나빠진다.
마찬가지로 누군가의 말을 들었을 때
'뭔가 이상한데'라는 생각이 들면,
대부분 그 판단이 맞는 경우가 많다.
말은 그 사람이 어떤 생각을 품고 있는지를 드러낸다.
굳이 작은 가능성에 기대어
나를 위험에 빠지게 하지 말자.
처음부터 이상하다는 직감이 든다면
굳이 인연을 맺지 않는 게 나를 위한 길이다.

좋은 사람은 좋은 책과 닮았다

삶에 도움이 되는 책은
페이지가 쉽게 넘어가지 않는다.
손가락이 아닌 삶으로 넘겨야 하기 때문이다.
내가 실천한 만큼만 페이지를 넘길 수 있다.
그래서 우리는 삶을 바꾸는 농밀한 책을 읽어야 한다.

좋은 사람은 페이지가 잘 넘어가지 않는 책을 닮았다.
한 장 한 장마다 배울 점이 가득해서
속도를 내기보단 천천히 음미하게 되기 때문이다.
깊이 있는 책을 읽는 시간이 성장의 여정이 되듯,
마음이 호수처럼 깊은 사람과 함께하는 순간은
조용히 나를 바꾸고 성숙하게 만든다.

그리운 사람이 있다면 행복한 사람이다

문득 누군가의 안부가 그리워진다면,
나는 생각보다 더 행복한 사람이다.
행복하게 살기 위해 우리에게 필요한 것은
지금 어디에 있는지, 잘 지내는지 문득 궁금해지는
단 한 사람의 존재일지도 모른다.
그리운 누군가가 있다면 나는 외롭지 않다.
생각만 해도 가슴이 뛰는 사람이 있다면
내 가슴에 품은 행복도 사라지지 않는다.

나는 어떤 첫인상을 가진 사람에게 끌리는가?
나의 첫인상은 사람들에게 어떤 느낌을 주는가?

거절은 나를 적극적으로 지키는 행위다

남들이 내게 요구하는 것을 다 들어줄 수는 없다.
떠밀려서 도착한 곳에서는
내가 원하는 풍경을 만날 수 없기 때문이다.
내가 할 수 없다고 판단되면
굳이 더 고민할 필요 없이
"그건 제가 하기 힘들겠습니다" 하고
자신의 생각을 솔직하게 전하자.
좋은 사람으로 남고 싶어서 거절을 어려워하면,
결국 나 자신에게 나쁜 사람이 된다.
진짜 좋은 사람은 남이 아닌
자신에게 친절한 사람이다.

시간은 진실을 숨기지 않는다

누군가의 힘든 기억을 비웃거나
소문을 내고 험담하는 사람들은
곧 그 사람보다 더 힘든 현실을 맞게 될 것이다.
세상이 모르는 것 같아 억울할 때도 있겠지만,
진실의 신은 언제나 조용히
날카로운 눈으로 우리를 지켜보고 있다.
그러니 신경 쓸 필요가 없다.
그들은 언젠가 정확한 대가를 받을 것이다.
내가 진실하다면 모든 것은
순리대로 흘러갈 테니
나는 그저 주어진 하루를
성실히 사는 것에 집중하면 된다.

다정함은 체력으로부터

예쁜 말은 마음의 여유가 있어야 가능하고,
마음의 여유는 대부분 체력에서 나온다.
그러니 너무 지칠 때까지
자신을 몰아붙이면 안 된다.
뭐라도 해야 한다는 조급함을 내려놓자.
어른은 쉬어야 할 때
기꺼이 쉴 수 있는 사람이다.
그래야 나에게도 남에게도
다정하게 말하고 행동할 수 있다.

타인의 불행을 바라지 마라

누군가 망했으면 좋겠다는 마음은 위험하다.
부정적인 언어가 내면에 자꾸 쌓이면서
나를 점점 더 어둡고 우울하게 만들기 때문이다.
우리는 모두 자신이 자주 하는 말을 닮고,
보고 듣고 생각한 대로 살게 된다.
그래서 지혜로운 사람들은 늘 타인의 행복을 바란다.
희망이 될 수 있는 언어와 가치만 내 안에 담자.
남이 잘되는 것을 기쁘게 여길 수 있다면
나의 마음도 훨씬 가벼워질 수 있다.

나의 성장을 위해 필요한 것

사람과 사람 사이에서 공감은 중요하다.
하지만 공감하는 일에만 너무 몰두하면
내가 성장하기가 힘들다.
가장 중요한 것은 나 자신을 이해하는 일이다.
이를 위해서는 지금 내 상황을 객관적으로 바라봐야 한다.
무조건적인 공감이 아닌
지금 나의 수준을 파악하고,
필요한 것을 찾아내는 예리함이 필요하다.
자신을 잘 아는 사람이야말로
진정한 성장을 이룰 수 있다.

어떤 상황에서도 당당해지는 법

새로운 사람을 만날 때
상대가 이성적이고 논리적인 사람이라고 생각하면
괜히 긴장되고 나만 힘들어진다.
내가 그보다 못하다고 느끼기 때문이다.
겉으로 아무리 논리적으로 보이는 사람도
내면은 전혀 다를 수 있다.

"내가 그 사람보다 못할 게 뭐가 있어?"
"나도 지금까지 충분히 노력하고 연습했어."
이런 주문을 자신에게 들려주자.
언제나 있는 그대로 보는 게 중요하다.
상대를 너무 크게 보고 나를 작게 보면
당당한 마음을 가질 수 없다.

어떤 사람을 끌어당기고 있는가

내게 호감을 느끼며 다가오는
사람들의 수준과 태도가
곧 나의 현재 수준과 태도다.
인간은 서로 닮은 사람에게 끌리기 때문이다.
우리는 자신과 맞는 수준의 사람만 부를 수 있다.
그러므로 좋은 인연을 만나지 못하는 나의 현실을
세상에 하소연하는 것은 어리석다.
아무리 예쁘게 포장해도
불평은 나의 수준과 태도를
세상에 광고하는 것일 뿐이다.

진짜 용기 있는 사람은 외면하지 않는다

"어떻게든 되겠지"라고 말하는 것을
용기로 착각하면 곤란하다.
이들은 오히려 늘 어떻게든 외면하고 회피하며
결과에 대한 책임을 지지 않을 가능성이 높다.
"내가 책임지고 한번 해볼게" 하고
책임을 언급하며 앞에 나서는 사람이
진짜 용기 있는 사람이다.
진짜 용기 있는 사람들은 행운에 기대지 않는다.

내가 나아지면 세상도 나아진다

내면의 수준이 높아지면
세상을 나쁘게만 바라보는 시선이 사라진다.
그제야 그동안 몰랐던
수많은 좋은 것들이 눈에 들어오면서
세상이 아름다운 곳이었다는 것을 깨닫게 된다.
만약 지금 내게 사람들의 단점만 보인다면,
그것을 비난하기보다
나의 낮은 의식과 빈약한 내면을 돌아봐야 한다.
모든 성장은 자신의 수준을 분명하게 인식하고
냉정하게 반성하는 것에서 시작한다.
내가 변하면 세상도 함께 변한다.
진정한 변화는 내 안에서부터 비롯된다.

머무는 곳을 환하게 만드는 사람

그냥 보기만 해도
밝은 기운이 느껴지는 사람이 있다.
어디에서 무엇을 해도 자신이 머무는 곳을
정원처럼 향기롭게 만들고
화사하게 빛내는 사람이 있다.
그들은 상대방이 말할 때
긍정의 시선으로 차분하게 바라보며,
언제나 가능하다는 생각을 품고 대화를 나눈다.
세상의 예쁜 것들을 자주 보고 접하자.
내가 보는 것이 곧 나의 삶이 된다.

이미 알고 있는 인간관계의 원칙임에도
실천하기 힘든 이유는 무엇인가?
그 벽을 넘기 위해
나는 어떻게 달라져야 하는가?

시간을 투자해서 실력을 키워라

계속 사람들에게 속는 이유는
마음은 절실하지만 실력이 부족하기 때문이다.
부족한 실력을 돈과 인맥으로 해결하려다 보면
그 틈을 노리는 사람들에게 이용당하기 쉽다.
그러니 서두르지 말고
실력을 키우는 데 시간을 투자해야 한다.
절실함에 실력이 더해진 사람은
결코 쉽게 흔들리지 않는다.
세상에 나의 능력보다 강한 방패는 없다.

냉정함이 서로를 위한 길이다

냉정해야 오히려 서로 상처를 덜 입는다.
애매한 온도로 상대를 대하면
오히려 관계가 무너질 수 있다.
상대를 진정으로 위한다면
말을 돌리지 않고 본질을 말하자.
때로는 그 말이 냉정하게 느껴질지라도,
시간이 지나면 그것이 서로를 위한 일임을 깨닫는다.
진심은 냉정함 속에서 더 단단해지고
그것이 관계를 지키는 힘이 된다.

사는 게 점점 자신 없는 이에게

이룬 것이 하나도 없다는 생각이 들 때,
사는 게 점점 자신 없을 때,
자꾸 우울한 마음이 들 때는
꼭 이 사실을 기억해야 한다.
나는 내 나이라는 값진 결과물을 이뤄낸 사람이다.
나이는 결코 그냥 주어지는 게 아니다.
숨도 쉬기 어려울 만큼 힘들었던 순간에도
용기를 내서 살았기에 지금이 있다.
그러니 이룬 게 없다고 자책하지 말자.
나 자체가 내가 이룬 가장 근사한 결과물이니까.
내가 보낸 세월, 분투한 시간, 사랑했던 나날들을
결코 우습게 생각하지 말자.

어른은 자기 행복을 자랑하지 않는다

내게 좋은 일이 생겼을 때
진심으로 기뻐해 줄 사람은 많지 않다.
대부분은 내 마음에 피어난 꽃을 꺾고 싶어 할 것이다.
그것이 인간의 본성이다.
행복은 보이지 않는 곳 깊숙이 자리한 보석과 같다.
그 빛을 외부에 드러내는 순간
반짝임을 탐하는 손길들이 나타난다.
나의 행복을 굳이 자랑할 필요는 없다.
어른은 자신의 행복을 혼자 조용히 즐긴다.

지혜롭게 사는 사람의 생각법

일상에 지혜를 더하고 싶다면
논리적으로 생각하고 선택하는 습관을 들이자.
사람들은 보통 감정에 따라 중요한 결정을 내리고
그 후에 논리로 이유를 꾸며낸다.
하지만 지혜로운 어른의 삶을 위해 필요한 건
감정이 앞선 서툰 논리가 아니다.
깊은 사색에서 나온 결론을 바탕으로
지혜롭게 선택할 수 있어야
그 과정에 감성을 더해 더 좋은 결과를 얻을 수 있다.

눈을 바라보며 이야기를 하는 사람

대화를 나눌 때
눈을 바라보는 사람이 좋다.
그 안에 나를 이해하려는
진심이 담겨있기 때문이다.
그런 사람을 만날 때면
보석처럼 그를 아껴주고 싶다는 생각이 든다.
마주치는 시선만으로도
지친 마음이 치유된다.
아주 천천히 내리는 봄비처럼,
그 마음이 내 삶에 비 내리듯 스며든다.
나는 하늘 높이 두 팔을 벌릴 수밖에 없다.

평생 성장하는 사람들은 시선이 다르다

남에게 조언하는 것은 쉽지만,

자신을 바꾸는 것은 어렵다.

남의 단점을 지적하는 것은 쉽지만,

자신의 단점을 인정하는 것은 어렵다.

어리석은 인간은 영원히 자신을 모른다.

반면에 현명한 사람은 남을 평가할 시간이 없다.

자신의 성장을 위한 시간조차 부족해서

다른 곳에 한눈을 팔 여유가 없기 때문이다.

평생 성장하는 지혜를 가진 사람은

늘 남이 아닌 자신을 본다.

예의가 없는 사람을
굳이 지적할 필요가 없는 이유

자신이 무례하다는 것조차 모르는 사람들이 있다.
심지어 그들은 예의 바른 사람을
예민하다고 비난하기도 한다.
그런 이들에게는 굳이 예의를 지키라고 말할 필요가 없다.
예의는 그 의미를 아는
수준 높은 사람에게만 보인다.
그래서 예의는 말로 가르치는 게 아닌
나의 행동으로 보여주는 것이다.

이제 내게 열등감이라는 옷은 어울리지 않는다

남들보다 더 나아야 한다는 욕심이
나를 열등감에 빠지게 만든다.
나는 나대로 충분하다.
지금의 나를 있는 그대로 받아들이고
내 속도로 걸어가면 된다.
타인과의 비교를 멈추면
비로소 내가 주인공인 삶에서
열등감 대신 깊은 만족감을 느끼며 살아갈 수 있다.

다정함은 지적인 섬세함과 이해에서 시작된다

다정하게 말하려면,
먼저 상대의 입장에서 생각해야 한다.
그의 삶과 언어를 이해하고,
그에게 익숙한 방식으로 말할 수 있어야 한다.
이는 단순한 의지로 되는 것이 아니라
지적인 섬세함과 공감 능력이 필요한 일이다.
상대의 삶에서 길어 올린 단어를 재료 삼아,
그가 받아들일 수 있는 언어로 표현해야 한다.
그래서 좋은 글을 필사하며
최대한 언어 감각을 높이는 시간이 필요하다.
필사는 타인의 영혼을 담은 언어를 내 안에 채우는 과정이며,
그 과정을 통해 우리는 더 넓고 깊은 다정함을 배울 수 있다.

✧
나는 관계를 통해 충만함을 느끼는가,
아니면 감정과 체력의 소진을 느끼는가?
내가 행복하다고 느꼈던 관계의
공통점은 무엇인가?

✦ 에필로그 ✦

어른은 관계를 넓히는 게 아니라 지혜롭게 좁히는 사람이다

이 책의 원고는 본래 원고지 1,200매 분량이 넘는 두꺼운 책이었다. 보통 단행본의 1.5배 정도가 되는 분량이다. 하지만 나는 좀 더 본질이 될 수 있는 농밀한 메시지만 남기고 싶었다. 압축하고 또 압축하고 다시 또 압축했다. 늘리는 건 쉽지만 줄이는 건 너무나 어려운 작업이다. 그 욕심 때문에 집필에 많은 시간이 필요했지만, 덕분에 필사를 하는 것만으로도 인간관계의 정수를 내면에 담을 수 있는 책을 완성할 수 있었다.

스트레스를 줄이려면 집에서 필요 없는 물건을 버려야 한다. 쓸모와 가치가 없음에도 좁은 집의 한 공간을 차지하고 있는 물건 때문에 자꾸만 스트레스를 받게 되기 때문이다. 어른의 관계도 마찬가지다. 어른은 다가오는 대로 다 만나서 인연을 맺는 사람이 아니라, 인연을 맺어야 할 사람과 끊어야 할 사람을 제대로 구분할 수 있는 사람이다. 물론 다양한 사람들을 만나면서 자신의 세계를 확장하는 것도 좋지만, 어른은 그 단계를 지나 더 성숙한 인간관계를 맺어야 한다. 물건을 사는 건 쉽지만 버리는 건 어렵듯, 내게 가장 잘 맞는 사람만 남기고 관계를 지혜롭게 정리하는 건 참 어려운 일이다. 넓히는 건 의지의 문제이지만, 좁히는 건 다양한 경험을 바탕으로 한 삶의 지혜가 필요한 영역이기 때문이다.

다시 한번 기억하자. 나는 모든 사람과 잘 지낼 수도 없고, 또 그래야 할 필요도 없다. 산다는 건 관계의 연속이다. 집 밖을 나서는 순간 그야말로 우리는 사람과의 전쟁을 치러야만 한다. 이제 우리는 이 책을 필사한 경험과 필사하면서 높아진 지적 수준을 통해서 어떻게 하면 가장 지혜롭게 인연을 맺고, 그 안에서 현명하게 대처하며 하루하루를 성장의 나날로 만들지 깨닫게 될 것이다. 마지막으로 다음 문장을 필사하며 고요한 사색에 잠겨보자.

"나는 나의 내일을 기대한다. 누구보다 농밀한 나의 인간관계가 내 세계를 더 크게 키우고 다채롭게 만들어줄 것이다."

어른의 관계를 가꾸는 100일 필사 노트

1판 1쇄 발행 2025년 9월 3일
1판 5쇄 발행 2026년 1월 12일

지은이 김종원
펴낸이 고병욱

펴낸곳 청림출판(주)
등록 제2023-000081호

본사 04799 서울시 성동구 아차산로17길 49 1010호 청림출판(주)
제2사옥 10881 경기도 파주시 회동길 173 청림아트스페이스
전화 02-546-4341   **팩스** 02-546-8053

홈페이지 www.chungrim.com   **이메일** life@chungrim.com
인스타그램 @ch_daily_mom   **블로그** blog.naver.com/chungrimlife
페이스북 www.facebook.com/chungrimlife

ⓒ 김종원, 2025

ISBN 979-11-93842-46-1 03190

※ 이 책은 저작권법에 따라 보호를 받는 저작물이므로 무단 전재와 무단 복제를 금합니다.
※ 책값은 뒤표지에 있습니다. 잘못된 책은 구입하신 서점에서 바꾸어 드립니다.
※ 청림Life는 청림출판(주)의 실용 분야 브랜드입니다.